5 RAZONES PARA ORAR POR TU CIUDAD

Oraciones que transforman
tu iglesia, comunidad y cultura

PETE NICHOLAS Y HELEN THRONE
PRÓLOGO POR TIMOTHY KELLER

5 RAZONES PARA ORAR POR TU CIUDAD

Oraciones que transforman
tu iglesia, comunidad y cultura

PETE NICHOLAS Y HELEN THRONE

PRÓLOGO POR TIMOTHY KELLER

B&H
ESPAÑOL
BRENTWOOD, TENNESSEE

5 razones para orar por tu ciudad: Oraciones que transforman
tu iglesia, comunidad y cultura

Copyright © 2023 por Pete Nicholas y Helen Thorne
Todos los derechos reservados.
Derechos internacionales registrados.

B&H Publishing Group
Brentwood, TN 37027

Diseño de portada: B&H Español

Director editorial: Giancarlo Montemayor
Editor de proyectos: Joel Rosario
Coordinadora de proyectos: Cristina O'Shee

Clasificación Decimal Dewey: 269.2

Clasifíquese: CIUDADES Y PUEBLOS \ TRABAJO EVANGELÍSTICO
\ ORACIÓN

ISBN: 978-1-0877-6809-0

Impreso en EE. UU.
1 2 3 4 5 * 26 25 24 23

CONTENIDOS

PRÓLOGO por Timothy Keller 7

INTRODUCCIÓN DE LA SERIE 9

LA CIUDAD

Orar por lo bueno, lo malo
y lo desagradable 11

LA VIDA EN LA CIUDAD

Las relaciones interpersonales 15

El trabajo 19

El descanso 23

La creatividad 27

El cuidado de otros 31

LA JUSTICIA EN LA CIUDAD

El gobierno 35

El crimen y las pandillas 39

Personas marginadas 43

El extremismo 47

Una sociedad y una economía
más justas 51

LA IGLESIA EN LA CIUDAD

Una iglesia que ora 55

Una iglesia santa...59

Una iglesia global......................................63

Una iglesia unida.......................................67

Una iglesia que crece...............................71

EL TESTIMONIO EN LA CIUDAD

La salvación de la ciudad.........................75

Los jóvenes...79

Las personas mayores..............................83

Las personas de otros países..................87

La futura ciudad celestial.........................91

PRÓLOGO
POR TIMOTHY KELLER

A los exiliados judíos en Babilonia se les decía que oraran por su ciudad (Jer. 29:7), porque era un lugar sumamente pagano. No solo debían orar para que la ciudad se alejara de sus ídolos, sino por «paz y prosperidad». Pedro llama a todos los cristianos «expatriados», y Santiago incluso nos llama «las doce tribus que se hallan dispersas por el mundo» (1 Ped. 1:1, LBLA; Sant. 1:1). Es razonable llegar a la conclusión de que Dios quiere que los cristianos en todas partes oren por sus ciudades. Deberían orar no solo por la prosperidad de las iglesias de la ciudad y el testimonio evangelizador, sino también por la vida misma de la ciudad: por la salud de su economía, la justicia de su gobierno y las relaciones entre los grupos raciales y las diferentes culturas.

Si esto es lo que Dios quiere para nosotros, ¿cómo lo llevamos a cabo? No hay mejor ayuda y guía que conozca para esto que el libro que tienes ante ti.

En esencia, la oración intercesora tiene dos propósitos: cambiar el *statu quo* del mundo («venga tu reino») y alinear nuestros corazones con el de Dios («hágase tu voluntad»). Si permitimos que uno de estos propósitos se vuelva demasiado dominante, nuestras oraciones se tornan demasiado estridentes y manipuladoras o demasiado posesivas y derrotistas.

En cambio, si mantienes estos dos propósitos en equilibrio mientras sigues esta guía, no solo verás cambios en la ciudad, sino también en ti mismo. Tus oraciones contra la injusticia te transformarán en la clase de persona que vive de manera justa. Tus oraciones por la santidad en la iglesia te llevarán a anhelar más santidad para ti. Tus oraciones por testimonio en la ciudad te volverán más dispuesto a testificar de la gracia de Dios personalmente.

Oremos por nuestras ciudades. Quién sabe lo que puede suceder cuando oramos al Dios que afirma que ni si quiera podemos empezar a imaginar las cosas que ha preparado para aquellos que lo aman (1 Cor. 2:9) y que lo buscan de todo corazón (Heb. 11:6).

Timothy Keller
Director y cofundador | Redeemer City to City

INTRODUCCIÓN
DE LA SERIE

Esta guía te ayudará a orar por tu ciudad en 21 áreas y situaciones diferentes. En cada una de estas áreas, hay cinco cosas distintas por las que orar, así que puedes usar este libro de diversas maneras.

➤ *Puedes orar por un grupo de «cinco cosas» cada día, en el transcurso de tres semanas, y volver a empezar.*

➤ *Puedes tomar uno de los temas de oración y orar una parte cada día de lunes a viernes.*

➤ *O bien, puedes ir entrando y saliendo, cuando quieras y necesites orar por un aspecto particular de la vida de tu ciudad.*

➤ *También hay un espacio en cada página para escribir los nombres de situaciones concretas, inquietudes o personas que quieras recordar en oración.*

Cada sugerencia de oración se basa en un pasaje de la Biblia, así que puedes estar tranquilo de que, mientras uses esta guía, estarás haciendo grandes oraciones... oraciones que Dios quiere que pronuncies, porque están basadas en Su Palabra.

5 RAZONES PARA ORAR

LA CIUDAD

ORAR POR LO BUENO, LO MALO Y LO DESAGRADABLE

GÉNESIS 4:16-26

PUNTOS DE ORACIÓN:

_____

_____

_____

_____

Dios soberano, traigo delante de ti...

LO BUENO DE LA CIUDAD

«... Jabal [...] fue el antepasado de los que viven en tiendas de campaña y crían ganado. [...] Jubal [...] fue el antepasado de los que tocan el arpa y la flauta. [...] Tubal Caín [...] fue herrero y forjador de toda clase de herramientas de bronce y de hierro...» (vv. 19-22).

Las ciudades retumban con el entusiasmo de las personas, la productividad y la creatividad. Desde la primera ciudad, han sido lugares donde las personas cumplen el plan de Dios de ser fructíferos y multiplicarse (Gén. 1:28). Da gracias por las personas de tu ciudad y su cultura única.

EL EVANGELIO EN LA CIUDAD

«... Desde entonces se comenzó a invocar el nombre del SEÑOR» (v. 26).

Según las Naciones Unidas, alrededor de la mitad de la población mundial vive en ciudades, y se predice que esa cifra subirá a 70% para 2050. Gracias a Dios por las maravillosas oportunidades que esto crea para evangelizar. Ora para que muchos en tu ciudad «[invoquen] el nombre del Señor».

 ## LO MALO DE LA CIUDAD

> *«Así Caín se alejó de la presencia del Señor [...]. Caín había estado construyendo una ciudad...» (vv. 16-17).*

Laméntate porque tantas personas en tu ciudad viven como Caín: rechazando a Dios y buscando refugio en la ciudad y en todas las oportunidades que esta ofrece, en lugar de en Jesús. Clama para que el Espíritu obre y haga volver sus corazones a Él.

 ## LO DESAGRADABLE DE LA CIUDAD

> *«Lamec dijo a sus mujeres Ada y Zila: [...] Maté a un hombre por haberme herido, y a un muchacho por golpearme» (v. 23).*

Lleva ante Dios el pecado de tu ciudad. Confiésale a Dios las maneras en que has contribuido a esto en la última semana. Ora para que la mano de Dios contenga toda forma de violencia, corrupción y opresión.

ESPERANZA EN LA CIUDAD

> «[Eva] tuvo un hijo al que llamó Set, porque
> dijo: "Dios me ha concedido otro hijo en
> lugar de Abel, al que mató Caín"» (v. 25).

Alaba a Dios por Jesucristo, el descendiente prometido
de Eva, que aplastó la cabeza de Satanás cuando fue
crucificado a las afueras de la ciudad, para que ahora
podamos ser parte de la ciudad celestial de Dios. Ora
para que este mensaje de esperanza resuene y trans-
forme tu ciudad.

5 RAZONES PARA ORAR

LA VIDA EN LA CIUDAD

LAS RELACIONES INTERPERSONALES

PROVERBIOS 15:1-7

PUNTOS DE ORACIÓN:

_____

_____

_____

_____

Padre, has traído a tu pueblo a relacionarse contigo y los unos con los otros. Ayúdanos a buscar…

PERSPECTIVAS SABIAS

> *«Los ojos del Señor están en todo lugar, vigilando a los buenos y a los malos» (v. 3).*

Ser verdaderamente sabio es asombrarse ante el Dios soberano que ve todas las cosas. Da gracias porque ve a cada persona que nos trae gozo, y conoce el dolor escondido que producen las relaciones rotas. Dedica algo de tiempo a agradecer a Dios por las personas en tu vida y por Su obra en tus relaciones.

AMISTADES SABIAS

> *«La lengua que brinda alivio es árbol de vida; la lengua insidiosa deprime el espíritu» (v. 4).*

¡La ciudad está llena de palabras! Carteleras, periódicos, tuits, conversaciones… Las palabras tienen el poder de edificar o derribar. Ora para que desarrolles amistades en las que puedas dar y recibir sabiduría, consuelo, ánimo y esperanza para esta vida y la siguiente.

3 FAMILIAS SABIAS

«El necio desdeña la corrección de su padre; el que la acepta demuestra prudencia» (v. 5).

La unidad familiar está diseñada de manera que la generación mayor pueda ayudar a la más joven a florecer. Ora para que tu ciudad se llene de familias en las que se compartan palabras de liderazgo y disciplina, y se acepten en amor.

4 COMUNIDADES SABIAS

«En la casa del justo hay gran abundancia; en las ganancias del malvado, grandes problemas» (v. 6).

Ora para que los hogares y las calles en tu ciudad sean lugares donde las personas prosperen en honestidad y amor. Ora también por aquellos que sufren abusos, por las familias atrapadas en una vida de crimen y las que se concentran en acumular riquezas sobre la tierra en lugar de hacer tesoros en el cielo; ora para que conozcan el poder transformador de Cristo.

5 ESCUELAS SABIAS

«Los labios de los sabios esparcen conocimiento; el corazón de los necios ni piensa en ello» (v. 7).

Las escuelas tienen un rol fundamental en la forma-
ción de los jóvenes. Ora para que los maestros impar-
tan bien el conocimiento y florezcan en su profesión.
Dedica tiempo para orar específicamente por las
escuelas que tienes cerca y por los maestros de tu
congregación.

5
RAZONES
PARA ORAR

LA VIDA EN LA CIUDAD

EL TRABAJO

GÉNESIS 1:28; 2:15; 3:17-19

PUNTOS DE ORACIÓN:

_____

_____

_____

_____

Señor soberano, trabajaste seis días en la creación y siempre estás obrando en tu mundo. Ayuda a los cristianos de esta ciudad a recordar...

 LA BENDICIÓN DEL TRABAJO

> *«[Dios] los bendijo con estas palabras: "Sean fructíferos y multiplíquense"...» (1:28).*

Aunque no siempre lo vemos de esta manera, ¡el trabajo es una bendición! Da gracias a Dios por la manera en que usa el trabajo para proveer para nuestras necesidades y darnos un sentido de realización y propósito a medida que reflejamos Su imagen.

 EL LLAMADO DEL TRABAJO

> *«... multiplíquense; llenen la tierra y sométanla...» (1:28).*

En el trabajo, Dios nos llama a ser parte de Su plan de someter la tierra: desde barrer pisos hasta realizar una cirugía; desde enseñar a los niños hasta comprar y vender acciones. Da gracias por la dignidad que esto le da a tu trabajo, no importa cuán prosaico o frustrante pueda resultarte. Ora para que aquellos que siguen a Cristo en tu ciudad adoren cada vez más a Dios a través de su trabajo, y no adoren su trabajo como si fuera un dios.

EL CUIDADO DEL TRABAJO

«... para que lo cultivara y lo cuidara» (2:15).

La palabra «cuidara» en este versículo significa vigilar y proteger, como un pastor que cuida sus ovejas. Pídele perdón a Dios por las veces en las que, en cambio, has arruinado o dañado la creación de Dios a través de tu trabajo. Ora para que las personas de tu ciudad se apasionen más por cuidar el mundo de Dios.

LA MALDICIÓN DEL TRABAJO

«... ¡maldita será la tierra por tu culpa! Con penosos trabajos comerás de ella todos los días de tu vida» (3:17).

Entrégale a Dios las frustraciones y los problemas que experimentas en tu trabajo, y pídele que te dé expectativas realistas, paciencia y perseverancia. Ora por áreas particulares en tu ciudad donde la maldición se sienta profundamente en este momento: en el desempleo, el exceso de trabajo, la frivolidad y la frustración, los cargos políticos y las tensiones en el lugar de trabajo.

LAS OPORTUNIDADES DEL TRABAJO

«Sean fructíferos y [...] llenen la tierra» (1:28).

Hoy, los cristianos también somos llamados a «llenar la tierra» de seguidores de Jesús, mientras obedecemos Su mandamiento de «[ir] y [hacer] discípulos de todas las naciones» (Mat. 28:19). Ora para que Dios le dé gracia y osadía a Su pueblo en el lugar de trabajo, tanto en palabra como en obra. Ora por los ministerios de trabajo y las iniciativas evangelizadoras en tu ciudad, para que den mucho fruto para el evangelio.

5 RAZONES PARA ORAR

LA VIDA EN LA CIUDAD

EL DESCANSO

HEBREOS 4:1-13

PUNTOS DE ORACIÓN:

_____

_____

_____

_____

Soberano Señor, que descansaste al séptimo día, traigo ante ti...

 EL AJETREO DE LA CIUDAD

> *«Esforcémonos, pues, por entrar en ese reposo» (v. 11).*

Desde escapadas de fin de semana a nuevas experiencias, gran parte de la búsqueda de ocio de nuestra cultura es en realidad un deseo mal dirigido del descanso perfecto de la nueva creación. Da gracias por este descanso supremo prometido para ti en Cristo. Ora por ti y por tus seres queridos, para que se esfuercen por entrar a él a través de la fe en Cristo.

 LOS DOMINGOS EN LA CIUDAD

> *«... queda todavía un reposo especial para el pueblo de Dios» (v. 9).*

Da gracias por la provisión de Dios de un día de reposo cada semana... un anticipo del descanso que algún día disfrutaremos plenamente en la presencia del Señor. Ora para que cada semana, descanses no solo al dejar de trabajar, sino también mediante una «recreación», al escuchar la Palabra de Dios. Ora para que el pueblo de Dios priorice el reunirse juntos el domingo para hacer esto mismo.

 EL DESCANSO EN LA CIUDAD

> *«… porque el que entra en el reposo de Dios descansa también de sus obras, así como Dios descansó de las suyas» (v. 10).*

A pesar de la inmensa industria del ocio y de todas las innovaciones que ahorran trabajo, la vida en la ciudad suele ser tensa y ajetreada. Ora para que, como alguien que ha entrado al descanso de Dios, puedas tener un buen patrón de trabajo y descanso en tu vida. Ora pidiendo sabiduría sobre cuánto trabajo deberías hacer, y para guía sobre a qué decir sí y a qué no.

 EL TESTIMONIO EN LA CIUDAD

> *«Ciertamente, la palabra de Dios es viva y poderosa, y más cortante que cualquier espada de dos filos…» (v. 12).*

Los deportes y los pasatiempos pueden ser contextos fructíferos para compartir nuestras vidas y nuestra fe, ya que las personas se relajan y se abren. Ora por tres personas con las que suelas pasar tiempo de ocio y que no conozcan a Cristo. Pide oportunidades de mostrarles cuán «viva y poderosa» es verdaderamente la Palabra de Dios.

5 EL ESPARCIMIENTO EN LA CIUDAD

«Ninguna cosa creada escapa a la vista de Dios» (v. 13).

Todos nuestros pasatiempos y tiempo de esparcimiento están bajo la autoridad de Dios. No podemos compartimentar nuestro tiempo libre como algo que nos pertenece… también es de Dios. Ora para que tú —y todos los cristianos— usen todo su tiempo de manera que honre al Señor.

LA VIDA EN LA CIUDAD

LA CREATIVIDAD

ÉXODO 35:30–36:1

PUNTOS DE ORACIÓN:

_____

_____

_____

_____

*Dios Creador, en tu gracia, hiciste todas las cosas. Obra
en las empresas creativas y las artes en esta ciudad.*

 # EL DIOS DE LA CREATIVIDAD

> *«… y lo ha llenado del Espíritu de Dios, de
> sabiduría, inteligencia y capacidad creativa»
> (35:31).*

Adoramos a un Dios de creatividad, belleza e inno-
vación. Todas las cosas buenas fluyen de Él, así que
alábalo por la arquitectura, la música, el arte, los libros
y las películas que enriquecen tu vida. Ora para que
los artistas y la gente creativa de tu ciudad tengan una
pasión por hacer arte para la gloria de Dios.

 ## ARTE DE LA IGLESIA

> *«Los ha llenado de gran sabiduría para reali-
> zar toda clase de artesanías…» (35:35).*

Aunque Bezalel y Aholiab habían sido designados por
Dios de manera especial, todas nuestras habilidades
creativas son un don del Creador. Ora para que los
creadores cristianos consideren cómo su arte refleja la
Escritura, y hagan todo su trabajo con gracia.

3 LOS DONES DE LA CREATIVIDAD

«… todos los que tengan ese mismo espíritu artístico, y a quienes el Señor haya dado pericia y habilidad…» (36:1).

Ora para que los cristianos que tengan dones creativos de parte de Dios den gracias por sus habilidades, pero no permitan que estas los definan. Ora para que su testimonio contracultural lleve a más y más personas de la industria creativa a reconocer la belleza del Señor Jesús.

4 ARTE PARA LA IGLESIA

«… para realizar toda la obra del servicio del santuario» (36:1).

Bezalel y Aholiab bendijeron al pueblo de Dios al edificar el tabernáculo. Da gracias a aquellos que usan sus habilidades creativas para edificar al pueblo de Dios hoy: los escritores de himnos y canciones, los artistas, los diseñadores, los actores, los arquitectos y los músicos. Agradece a Dios por las personas particularmente creativas que bendicen tu iglesia local. Ora para que sirvan con alegría y sabiduría.

5 OBEDIENCIA EN LA CREATIVIDAD

«… llevarán a cabo los trabajos para el servicio del santuario, tal y como el Señor lo ha ordenado» (v. 1).

Ora para que aquellos con dones creativos reconozcan el señorío de Jesús sobre esta área, como en todos los aspectos de la vida. Ora pidiendo colaboración, reflexión y apoyo entre los creadores respecto a lo que implica «obedecer todo lo que les he mandado» como discípulos en las artes (Mat. 28:20).

5 RAZONES PARA ORAR

LA VIDA EN LA CIUDAD

EL CUIDADO A OTROS

LUCAS 10:25-37

PUNTOS DE ORACIÓN:

_____

_____

_____

_____

Padre amoroso, hay muchos en esta ciudad que están sufriendo. Ayúdanos a mí y a todos los cristianos a ofrecer...

 CUIDADO INTENCIONAL

> *«"Ama al Señor tu Dios [...]" y: "Ama a tu prójimo como a ti mismo"» (v. 27).*

El amor de Dios por nosotros nunca termina. A través de Jesús, provee para nuestra mayor necesidad y nos equipa para cuidar a otros también. Ora para que todos los que cuidan a otros —familiares, amigos, médicos, enfermeras, trabajadores sociales y terapeutas— crezcan en su amor por Dios y por los demás, en respuesta a Su gran amor por ellos.

 CUIDADO FRECUENTE

> *«Bajaba un hombre de Jerusalén a Jericó, y cayó en manos de unos ladrones» (v. 30).*

Vivimos en un mundo pecaminoso, y lo vemos en nuestras ciudades. Las enfermedades, el dolor y las heridas pueden surgir en cualquier momento. Ora para que todos aquellos que están sufriendo en el cuerpo o en su mente no se sientan culpables ni desesperanzados en su debilidad, sino que se vuelvan al Señor y a Su iglesia en medio de su necesidad.

CUIDADO COMPASIVO

«[El sacerdote,] al verlo, se desvió y siguió de largo. Así también [...] un levita...» (vv. 31-32).

Todos tenemos vidas ajetreadas; la fatiga por compasión puede asediar a todos los que se preocupan por otros. Ora para que las personas que cuidan de otros conserven un corazón tierno y dispuesto a involucrarse en las complejidades de las vidas de los demás.

CUIDADO SACRIFICADO

«[El samaritano] se acercó, le curó las heridas con vino y aceite, y se las vendó. Luego lo montó sobre su propia cabalgadura, lo llevó a un alojamiento y lo cuidó» (v. 34).

Da gracias al Señor por aquellos en la línea de fuego en nuestras ciudades, que sacrifican tanto por el bien de otros en medio de emergencias: personal de ambulancias, bomberos, personal de accidentes y emergencias, y otros socorristas. Pídele a Dios que los sostenga mientras ayudan a los demás.

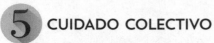

5 CUIDADO COLECTIVO

> *«Al día siguiente, sacó dos monedas de*
> *plata y se las dio al dueño del alojamiento.*
> *"Cuídemelo —le dijo— […]"»* *(v. 35).*

El cuidado a otros no tiene por qué ser una actividad solitaria. Ora para que el Señor provea cuidadores con buenas redes de amigos que puedan apoyarlos. Y ora también por aquellos que proveen alivio.

LA JUSTICIA EN LA CIUDAD

EL GOBIERNO

ROMANOS 13:1-7

PUNTOS DE ORACIÓN:

_____

_____

_____

_____

Rey majestuoso, eres soberano sobre toda la creación. Obra para el bien de esta ciudad a través de...

 ## LOS GOBERNANTES

> *«... no hay autoridad que Dios no haya dispuesto...» (v. 1).*

Nuestras ciudades son lugares donde hay una autoridad, y Dios establece toda autoridad. Da gracias a Dios por Su regalo de gobernantes: por los reyes, el gobierno nacional y los representantes locales. Ora para que los que están en posición de autoridad en tu ciudad honren cada vez más al Señor en todo lo que hacen.

 ## LAS RESPONSABILIDADES

> *«... Haz lo bueno, y tendrás su aprobación» (v. 3).*

Los ciudadanos del reino de Dios son llamados a ser ciudadanos que obedecen la ley de la tierra. Habrá momentos en que tengamos que hacer peticiones, debatir y urgir a nuestros líderes a cambiar, pero ora para que el pueblo de Dios siempre esté comprometido a actuar de maneras legales y rectas.

LAS REGULACIONES

«[El que está en autoridad] está al servicio de Dios para impartir justicia y castigar al malhechor» (v. 4).

Ora por aquellos que escriben las leyes y por los que las implementan: los políticos, los funcionarios públicos, los oficiales de policía, las autoridades financieras, los miembros del sistema judicial y todos los que los apoyan. Ora para que actúen sin reproche y que defiendan la justicia en tu ciudad.

 ## LOS IMPUESTOS

«Por eso mismo pagan ustedes impuestos, pues las autoridades están al servicio de Dios, dedicadas precisamente a gobernar» (v. 6).

A pocos de nosotros nos gusta pagar impuestos, pero este dinero puede usarse para un bien extraordinario, ya que provee educación, protección y mucho más. Ora para que los que están en autoridad administren con sabiduría los impuestos. Pídele a Dios que ayude a todos los creyentes a ser diligentes y alegres a la hora de pagar lo que corresponde.

 ## EL RESPETO

«Paguen a cada uno lo que le corresponda: [...] al que deban respeto, muéstrenle respeto; al que deban honor, ríndanle honor» (v. 7).

Es fácil burlarse de la mayoría de los políticos y criticar a los que participan del gobierno. Por supuesto, son falibles, pero aun así, somos llamados a respetarlos. Arrepiéntete de cualquier manera en la que hayas fallado en esta área. Ora para que cuando, como cristianos, hablemos de nuestros líderes, escojamos con sabiduría nuestras palabras y los honremos como corresponde.

5 RAZONES PARA ORAR

LA JUSTICIA EN LA CIUDAD

EL CRIMEN Y LAS PANDILLAS

LUCAS 15:11-24

PUNTOS DE ORACIÓN:

_____

_____

_____

_____

Dios de justicia y esperanza, por favor trae a personas de esta ciudad de la oscuridad a la luz, mientras obras en...

CORAZONES IMPÍOS

> *«El [hijo] menor [...] le dijo a su padre: "Papá, dame lo que me toca de la herencia"...» (v. 12).*

Todos tenemos instintos egoístas; pero para algunos, el dolor de la vida y el pecado en su corazón se combinan para producir deseos poderosos de control, poder, respeto o comodidad. Pídele a Dios que reoriente el corazón de los que participan de actividades criminales en tu ciudad, para que vengan y vean cuán maravilloso es vivir como Dios quiere.

VIDAS IMPÍAS

> *«... el hijo menor juntó todo lo que tenía y se fue a un país lejano; allí vivió desenfrenadamente y derrochó su herencia» (v. 13).*

Los deseos descarriados conducen a acciones descarriadas. Los corazones distorsionados pueden conducir fácilmente al uso de drogas, el robo o crimen a mano armada. Dedica algo de tiempo a lamentarte por el crimen en tu ciudad. Ora para que Dios intervenga, y para que, a medida que los corazones se vuelvan a Cristo, las vidas reflejen cada vez más Su justicia y Su paz.

CONSECUENCIAS IMPÍAS

«... comenzó a pasar necesidad» (v. 14).

Todo crimen tiene consecuencias. Es una afrenta a Dios, y lastima tanto a la víctima como al autor. Trae delante de Dios cualquier caso específico que afecte a las personas que amas o incidentes en las noticias que te pesen en el corazón. Ora para que las víctimas encuentren verdadero consuelo, y que aquellos que han cometido el crimen permitan que las consecuencias los impulsen a cambiar.

UN ARREPENTIMIENTO PIADOSO

«Así que emprendió el viaje y se fue a su padre...» (v. 20).

El verdadero cambio empieza con el arrepentimiento; con regresar a nuestro Padre celestial, conscientes de nuestra necesidad y con un deseo de Él. Ora por las organizaciones cristianas que trabajan con pandillas, criminales y prisioneros. Pídele a Dios que las use para hablar con claridad sobre un Padre que desea que las personas se vuelvan a Él.

5 UNA ACEPTACIÓN PIADOSA

«… el padre ordenó a sus siervos: "¡Pronto!
[…] Traigan el ternero más gordo y mátenlo
para celebrar un banquete"» (vv. 22-23).

El arrepentimiento es algo asombroso. Como resultado, el Señor nos acepta plenamente. También debería resultar en una aceptación plena por parte del pueblo de Dios. A veces, tiene que haber límites, pero siempre tiene que haber amor. Agradece a Dios por Su gracia y Su aceptación para todos los rebeldes que se arrepienten, y ora para que tu iglesia le muestre amor al excriminal.

5 RAZONES PARA ORAR

LA JUSTICIA EN LA CIUDAD

PERSONAS MARGINADAS

ZACARÍAS 7:8-12

PUNTOS DE ORACIÓN:

_____

_____

_____

_____

Compasivo Señor, gracias por la misericordia y la gracia que has derramado sobre todos tus hijos. Extiende la misma compasión a y a través de…

LAS VÍCTIMAS DEL TRÁFICO HUMANO

> *«Así dice el Señor Todopoderoso: "Juzguen con verdadera justicia"…» (v. 9).*

Detrás de las puertas de nuestras ciudades, hay personas atrapadas en servidumbre doméstica, víctimas de tráfico y de horrores indecibles. Ora para que experimenten una libertad verdadera y perdurable. Ora también por las obras de misericordia y los servicios públicos que trabajan para darles esperanza.

LAS PERSONAS SIN HOGAR

> *«… muestren amor y compasión los unos por los otros» (v. 9).*

Vivir y trabajar en la calle puede ser una experiencia aterradora. La violencia, las adicciones, los problemas de salud y una muerte prematura son solo algunos de los problemas que enfrentan estos individuos vulnerables.

A menudo, se sienten deshumanizados… ora para que experimenten la misericordia y la compasión de Dios, y reciban la ayuda que necesitan para avanzar hacia una seguridad a corto plazo y también una eterna.

 FAMILIAS ROTAS

> *«No opriman a las viudas ni a los huérfanos…» (v. 10).*

El abuso doméstico, las familias rotas y el aislamiento deterioran muchos hogares. Demasiados jóvenes están creciendo sin buenos modelos a seguir; demasiados niños nunca experimentaron el verdadero amor. Ora para que tu ciudad vuelva a captar la importancia de las familias estables. Agradece a Dios porque te llamó a Su familia, y ora para que puedas recibir con brazos abiertos a los que sufren y están solos.

 LOS REFUGIADOS

> *«No opriman […] a los extranjeros ni a los pobres» (v. 10).*

Los refugiados acuden a nuestras ciudades. Muchos viven debajo de la línea de pobreza, algunos enfrentan prejuicios y todos son afectados por los horrores de los que han escapado. Ora para que las personas que han llegado a tu ciudad desde otro país sean tratadas con respeto y encuentren amor en la iglesia.

5 LA IGLESIA

> *«Pero ellos se negaron a hacer caso. Desa-*
> *fiantes volvieron la espalda, y se taparon los*
> *oídos» (v. 11).*

El sufrimiento puede ser tan predominante en nuestras pantallas y nuestras calles que, en lugar de sentir compasión, nos volvemos inmunes a la injusticia. Dedica tiempo a confesar estos momentos en los que no mostraste interés. Pídele a Dios que cultive en ti un corazón sensible a los marginados.

5 RAZONES PARA ORAR

LA JUSTICIA EN LA CIUDAD

EL
EXTREMISMO

LUCAS 6:43-49

PUNTOS DE ORACIÓN:

_____

_____

_____

_____

Misericordioso Señor, que perdonaste a tus enemigos en la cruz, ayúdame mientras oro por…

RESTRICCIÓN

«Ningún árbol bueno da fruto malo; tampoco da buen fruto el árbol malo» (v. 43).

El mal es real. Dentro de nuestras ciudades, hay quienes enseñan el extremismo y fomentan el terrorismo. Ora para que estas voces sean silenciadas. Ora también para que las personas vulnerables que son tentadas por los maestros radicales que prometen comunidad y propósito empiecen a verlos por lo que son en realidad. «árboles» que dan fruto malo y no dan ningún fruto bueno.

CONSUELO

«… el que es malo, de su maldad produce el mal…» (v. 45).

Las enseñanzas extremistas pueden resultar en actos de violencia. Aunque estos incidentes no son habituales, los horrores del terrorismo tienen un profundo impacto en las personas. Ora por aquellos afligidos, lisiados o que luchan con estrés postraumático debido a los actos terroristas en tu ciudad o algún lugar cercano.

 ## INTEGRIDAD

> *«¿Por qué me llaman ustedes "Señor, Señor", y no hacen lo que les digo?» (v. 46).*

La gracia de Dios está disponible para todos los que se arrepienten de verdad. Sin embargo, a menudo, esta idea nos resulta profundamente incómoda. Preferiríamos desestimar a los extremistas como personas para las que ya no hay redención. Pero eso no es lo que haría Jesús. Arrepiéntete de esos momentos en que no has estado dispuesto a ver a los terroristas a través de la lente de la cruz.

 ## TESTIMONIO

> *«Voy a decirles a quién se parece todo el que viene a mí, y oye mis palabras y las pone en práctica» (v. 47).*

Ver a los extremistas (o a los que están en riesgo de volverse extremistas) como personas que necesitan el amor salvador de Cristo debería impulsarnos a orar y actuar. Ora para que puedas mostrarle gracia a alguien en riesgo. Pídele a Dios que permita que las obras de misericordia especializadas que trabajan en la zona hagan un trabajo eficaz.

5 CONFIANZA

«… cuando vino una inundación, el torrente azotó aquella casa, pero no pudo ni siquiera hacerla tambalear porque estaba bien construida» (v. 48).

Cuando se trata de extremismo, puede ser fácil sucumbir a un clima de temor. Pero si nuestras vidas están firmemente edificadas sobre Jesús, estamos seguros. Ora para que tú y tu iglesia se vuelvan a Él con toda confianza.

5 RAZONES PARA ORAR

LA JUSTICIA EN LA CIUDAD

UNA SOCIEDAD Y UNA ECONOMÍA MÁS JUSTAS

ISAÍAS 59:14-16

PUNTOS DE ORACIÓN:

_____

_____

_____

_____

Juez de toda la tierra, gracias por las bendiciones de nuestra sociedad y economía. Por favor, haz que esta ciudad sea un lugar más justo para todos, a través de...

 EL DERECHO

> *«Así se le vuelve la espalda al derecho...»*
> *(v. 14).*

Da gracias por las áreas en las que el derecho ha avanzado en las últimas décadas: tal vez en prácticas más justas de mercado, responsabilidad social corporativa, un mayor acceso a educación y trabajos, o una mayor igualdad de género y raza. Sin embargo, hay muchas áreas en nuestra economía y sociedad donde todavía se «le vuelve la espalda al derecho». Eleva algunas de ellas al Señor ahora mismo.

 LA JUSTICIA

> *«... y se mantiene alejada la justicia...»*
> *(v. 14).*

Pídele perdón a Dios por las veces en que te hayas mantenido «alejado» al no actuar con justicia en tu manera de hablar, moverte o gastar. Ora para que actúes cada vez con más «justicia», haciendo lo que es correcto y justo a los ojos de Dios. Ora también para que la cultura más amplia de tu ciudad adopte cada vez más la justicia.

 ## LA VERDAD

«No se ve la verdad por ninguna parte...»
(v. 15).

«No puede haber libertad para una comunidad que carece de los medios para detectar mentiras», afirmó el periodista Walter Lippmann. En una cultura de noticias falsas, las mentiras y las medias verdades se usan para justificar la injusticia. Confiesa cualquier manera en que hayas contribuido al problema a través de tus propias distorsiones de la verdad recientemente. Ora para que las personas se acerquen a Jesús —«la verdad»— y se transformen en defensoras apasionadas de la verdad que conduce a la justicia.

 ## LA INTERVENCIÓN

«[El Señor] lo ha visto, y le ha asombrado ver
que no hay nadie que intervenga» (v. 16).

Ora por aquellos que tienen el deber de intervenir para traer justicia: los jueces y la policía, los mecanismos de control financiero, los reguladores, las obras de misericordia y las organizaciones no gubernamentales. Pídele a Dios que les dé sabiduría y una persistencia incansable en su trabajo.

5 LA SALVACIÓN

«… Por eso su propio brazo vendrá a salvarlos…» (v. 16).

Alaba a Dios por la salvación suprema de toda injusticia que Jesucristo alcanzó y que un día cumplirá plenamente. Ora para que todos los que se mueven con injusticia —en particular, a través de la corrupción financiera o la opresión social— experimenten la salvación que Jesucristo ofrece.

5 RAZONES PARA ORAR

LA IGLESIA EN LA CIUDAD

UNA IGLESIA QUE ORA

HECHOS 4:24-31

PUNTOS DE ORACIÓN:

_____

_____

_____

_____

Dios poderoso, qué privilegio es hablar contigo en oración. Ayuda a todo tu pueblo a volverse a ti en...

 ORACIÓN COLECTIVA

> *«Cuando lo oyeron, alzaron unánimes la voz en oración a Dios...» (v. 24).*

Al enfrentarse a la oposición, la iglesia primitiva se unió. Sabían que, como familia, eran llamados a animarse unos a otros orando en forma colectiva. Ora para que cada cristiano de tu ciudad pueda ver la belleza y la necesidad de la oración colectiva.

 ORACIÓN CONFIADA

> *«... Soberano Señor, creador del cielo y de la tierra, del mar y de todo lo que hay en ellos» (v. 24).*

No hay nada que escape la soberanía de Dios. Él hizo todas las cosas, las sostiene y está íntimamente involucrado con Su mundo. Dedica algo de tiempo a adorar a Dios por Su poder, la manera sabia en que gobierna la tierra y la forma maravillosa en que responde la oración.

ORACIÓN PERSISTENTE

«... para hacer lo que de antemano tu poder y tu voluntad habían determinado que sucediera» (v. 28).

Los primeros cristianos sabían que la soberanía inquebrantable de Dios significaba que ninguna oposición podía desbaratar los planes de Su reino. Ora para que tu iglesia tenga la misma visión y para que, a medida que oren juntos, las maravillas de la Escritura formen la manera en que ven las realidades de la vida y los ayuden a perseverar en oración.

ORACIÓN VALIENTE

«Ahora, Señor, toma en cuenta sus amenazas y concede a tus siervos el proclamar tu palabra sin temor alguno» (v. 29).

No somos llamados a orar por circunstancias cómodas, sino por el valor para predicar la buena noticia de Jesús. Ora para que las oraciones de tu iglesia sean osadas, incluso cuando sepas que el «sí» a Dios puede venir con un costo.

ORACIÓN CONFORME

«Después de haber orado, tembló el lugar en que estaban reunidos; todos fueron llenos del Espíritu Santo...» (v. 31).

Cuando los cristianos oran, ¡Dios actúa! Agradece a Dios porque siempre responde las oraciones como Él considera mejor, aun cuando no sea de la manera que esperamos. Ora para que, sea cual sea la respuesta, sigas confiando en Dios y pareciéndote cada vez más a Cristo por el poder del Espíritu.

5 RAZONES PARA ORAR

LA IGLESIA EN LA CIUDAD

UNA IGLESIA SANTA

ROMANOS 12:1-5

PUNTOS DE ORACIÓN:

_____

_____

_____

_____

Señor sin pecado, toma a tu iglesia y haznos más parecidos a Jesús, apartados para ti. Moldéanos para que seamos cada vez más...

UNA IGLESIA SACRIFICADA

> *«... hermanos, tomando en cuenta la misericordia de Dios, les ruego que cada uno de ustedes, en adoración espiritual, ofrezca su cuerpo como sacrificio vivo, santo y agradable a Dios» (v. 1).*

Seguir a Cristo no es un camino de comodidad; Él nos llama a tomar nuestra cruz. Sin embargo, lo hacemos «tomando en cuenta» la misericordia que ya nos ha mostrado. Así que dale gracias a Dios y ora para que los cristianos dejen de lado la comodidad, el estatus y el poder, y vivan de todo corazón para el Señor.

UNA IGLESIA CONTRACULTURAL

> *«No se amolden al mundo actual...» (v. 2).*

Nuestro Dios santo nos llama a llevar vidas santas y diferentes. Ora para que los cristianos se interesen por aquellos a los que la sociedad considera difíciles de amar, y sean generosos con los que la sociedad tilda de indignos. Ora para que los miembros de la iglesia muestren prioridades indefectiblemente bíblicas en cuanto a la educación, el trabajo, la socialización y su uso del tiempo.

UNA IGLESIA TRANSFORMADA

«... sino sean transformados mediante la renovación de su mente...» (v. 2).

Los creyentes son llamados a una vida de cambio. Piensa en uno o dos cristianos de tu iglesia, y ora para que Dios los moldee a la imagen de Jesús cuando enfrenten alegrías y pruebas.

UNA IGLESIA HUMILDE

«... Nadie tenga un concepto de sí más alto que el que debe tener, sino más bien piense de sí mismo con moderación...» (v. 3).

Hay pocas características tan desagradables como el orgullo. Todos somos pecadores salvos por gracia y no tenemos razón para mirar con desprecio a los demás. Dedica un momento para reflexionar y arrepentirte de cualquier orgullo que haya en tu corazón. Ora para que la iglesia tenga un testimonio convincente en tu ciudad, a medida que los cristianos pongan a los demás antes que a ellos mismos.

5 UNA IGLESIA COMPROMETIDA

> «... también nosotros, siendo muchos, for-
> mamos un solo cuerpo en Cristo, y cada
> miembro está unido a todos los demás»
> (v. 5).

Regocíjate en que cada congregación en tu ciudad está conformada de distintas personas con diferentes dones, pero todos son usados para la gloria del único Dios. Ora para que todos los cristianos de tu ciudad usen apasionadamente sus dones de manera que honre a Jesús y animen a los demás a usar sus dones también.

5 RAZONES PARA ORAR

LA IGLESIA EN LA CIUDAD

UNA IGLESIA GLOBAL

COLOSENSES 1:3-8

PUNTOS DE ORACIÓN:

_____

_____

_____

_____

Dios de todas las naciones, que estás obrando en las ciudades para llevar tu evangelio al mundo, danos...

CORAZONES AGRADECIDOS

«Siempre que oramos por ustedes, damos gracias a Dios, el Padre de nuestro Señor Jesucristo, pues hemos recibido noticias de su fe en Cristo Jesús...» (vv. 3-4).

La historia de las misiones globales ha sido muy influenciada por el movimiento de las personas entre y a través de las ciudades. Agradece por todos los que han llegado a la fe en tu ciudad y luego se han mudado a otro país, llevando el evangelio con ellos.

FIDELIDAD AL EVANGELIO

«... De esta esperanza ya han sabido por la palabra de verdad, que es el evangelio» (v. 5).

Ora para que el evangelio se predique con fidelidad, a medida que las personas lo llevan de ciudad en ciudad. Ora por las iglesias y las agencias misioneras que envían y reciben a obreros del evangelio entre ciudades. Ora para que, en todas las cosas, se aferren al verdadero mensaje de Cristo.

FRUTO DEL EVANGELIO

> *«... Este evangelio está dando fruto y creciendo en todo el mundo...» (v. 6).*

Las ciudades unen a las naciones. En una ciudad como Londres, pueden hablarse 300 idiomas diferentes, y en Nueva York, ¡hasta 800! Pídele a Dios que use esta aglomeración de personas para llevar mucho fruto para el evangelio, a medida que las personas se acerquen a Cristo y luego sean enviadas al mundo.

UNA PARTICIPACIÓN MISERICORDIOSA

> *«... como también ha sucedido entre ustedes desde el día en que supieron de la gracia de Dios y la comprendieron plenamente» (v. 6).*

Ora para que tu iglesia crezca en piedad y en cantidad, a medida que participa de la misión global en tu comunidad. Ora para que la gracia de Dios modele tanto la *manera* en la que tu iglesia se relaciona con personas de otras culturas como el *mensaje* que se comunica.

SIERVOS PARA ENVIAR

> *«Así [...] aprendieron [el evangelio] de Epafras, nuestro querido colaborador y fiel*

servidor de Cristo para el bien de ustedes»
(v. 7).

Pídele al Señor que levante siervos del evangelio que estén preparados para ser enviados como misioneros. Agradece a Dios por cualquier misionero que conozcas de tu iglesia; ora para que sea fiel en su ministerio y lleno de amor por Dios, por Su pueblo y por los perdidos.

5 RAZONES PARA ORAR

LA IGLESIA EN LA CIUDAD

UNA IGLESIA UNIDA

EFESIOS 2:11-22

PUNTOS DE ORACIÓN:

_____

_____

_____

_____

Dios de toda la tierra, ayúdanos a ser cada vez más…

 AGRADECIDOS

> *«Pero ahora en Cristo Jesús, a ustedes que antes estaban lejos, Dios los ha acercado mediante la sangre de Cristo» (v. 13).*

Las personas en nuestras iglesias quizás hablen distintos idiomas y se vistan de diferentes maneras, pero todos fuimos traídos a la familia de Dios a través del sacrificio de Jesús. Pasa tiempo alabando a Dios por habernos acercado a Él y los unos a los otros en Cristo.

 UNIDOS

> *«Porque Cristo es nuestra paz: de los dos pueblos ha hecho uno solo, derribando mediante su sacrificio el muro de enemistad que nos separaba» (v. 14).*

Nadie en el primer siglo pensaba que sería posible que los judíos y los gentiles se llevaran bien, pero en Cristo, se unieron. Ora para que los cristianos en tu ciudad reconozcan cada vez más la unidad real y duradera que nos vincula a todos los que creemos realmente; más allá de nuestros trasfondos étnicos, económicos o sociales.

 ## DIVERSOS

«[Cristo] vino y proclamó paz a ustedes que estaban lejos y paz a los que estaban cerca» (v. 17).

Dios nos alcanza a todos. No importa adónde hayamos crecido o cuál haya sido nuestro sistema de creencias, todos son bienvenidos en la familia de Dios. Ora para que tu iglesia sea un lugar donde se invite a personas de diversos contextos, y allí puedan celebrar la paz de Dios.

 ## COOPERATIVOS

«… ustedes ya no son extraños ni extranjeros, sino conciudadanos de los santos y miembros de la familia de Dios» (v. 19).

Los conciudadanos tienen responsabilidades compartidas. Ora para que las iglesias de tu ciudad tengan una pasión para trabajar lado a lado en el reino, para la gloria del Señor Jesús. Ora para que haya generosidad y creatividad entre las iglesias y las organizaciones cristianas, mientras se unen en misión por toda tu ciudad.

5 ORIENTADOS AL CRECIMIENTO

«En él también ustedes son edificados juntamente para ser morada de Dios por su Espíritu» (v. 22).

Fuimos diseñados para crecer juntos: arraigados en Cristo, habitados por el Espíritu y madurando junto a nuestros hermanos. Ora para que cristianos de todos los trasfondos estén dispuestos a dar y a recibir ánimo del evangelio.

5 RAZONES PARA ORAR

LA IGLESIA EN LA CIUDAD

UNA IGLESIA QUE CRECE

1 CORINTIOS 3:5-9

PUNTOS DE ORACIÓN:

_____

_____

_____

_____

Señor de la iglesia, que compraste a tu pueblo con tu propia sangre, dale a tu pueblo en esta ciudad...

MUCHAS CLASES DE IGLESIA

«... según lo que el Señor le asignó a cada uno» (v. 5).

Para alcanzar a una ciudad para Cristo, es necesario todo un ecosistema del evangelio, con distintas iglesias que jueguen diferentes papeles según el Señor se los asigne. Ora pidiendo iglesias centradas en el evangelio por toda tu ciudad de muchas formas: iglesias establecidas e iglesias nuevas, plantaciones y revitalizaciones de iglesias, iglesias más grandes y otras más pequeñas.

MUCHAS CLASES DE OBREROS

«Yo sembré, Apolos regó, pero Dios ha dado el crecimiento» (v. 6).

Da gracias a Dios por las maneras específicas en que ha cultivado tu iglesia en cantidad o madurez. Pídele que levante más obreros con distintos dones en tu ciudad. Ora para que, a través de sus dones diferentes, Dios plante, riegue y haga crecer el evangelio.

3 UNA SOLA FUENTE DE CRECIMIENTO

«Así que no cuenta ni el que siembra ni el que riega, sino solo Dios, quien es el que hace crecer» (v. 7).

Solo Dios puede hacer que las iglesias crezcan. Ora para que esta verdad genere un movimiento de oración y una plantación de iglesias llena de fe por toda la ciudad. Ora para que, a través de esto, haya un crecimiento genuino del evangelio para la gloria de Dios.

4 UN ESPÍRITU DE UNIDAD

«El que planta y el que riega trabajan en conjunto con el mismo propósito...» (v. 8, NTV).

Ora para que haya expresiones más y más visibles de la unidad del evangelio entre las iglesias en tu ciudad. Nuestras iglesias a menudo son propensas a tribalismos e intereses personales. Ora para que, en cambio, las iglesias se unan a través de las denominaciones y estilos por la Palabra de Dios y la persona de Cristo, mientras trabajamos con «el mismo propósito».

5 UN OBJETIVO

«... ustedes son el campo de cultivo de Dios, son el edificio de Dios» (v. 9).

«El campo de cultivo de Dios» es una imagen de fertilidad y crecimiento. Ora para que haya mucho fruto del evangelio y un crecimiento vigoroso en las iglesias de tu ciudad. «El edificio de Dios» es una imagen de fortaleza y estabilidad. Ora para que las iglesias de tu ciudad sean edificadas y maduren, apoyadas sobre el fundamento firme de Cristo.

5 RAZONES PARA ORAR

EL TESTIMONIO EN LA CIUDAD

LA SALVACIÓN DE LA CIUDAD

JONÁS 3:1-10

PUNTOS DE ORACIÓN:

_____

_____

_____

_____

Dios de toda gracia, que desea que todas las personas escuchen el evangelio y se salven, ayuda a las personas de esta ciudad a…

 IR

> *«… ve a la gran ciudad de Nínive…» (v. 2).*

Dios nos envía a nuestras ciudades con un mensaje de esperanza. Pídele a Dios que te llene de osadía y creatividad para «ir» a los perdidos, en lugar de esperar que vengan a ti. Ora para que tú y todo el pueblo de Dios estén dispuestos a ir a cualquier persona y a todos, sin poner en duda si el Señor llama a determinada persona.

 PROCLAMAR

> *«… y proclámale el mensaje que te voy a dar» (v. 2).*

Ahora mismo, por toda la ciudad, el evangelio está siendo proclamado de muchas maneras: a través de la lectura de la Biblia con otra persona, de la predicación, de tratados y cursos evangelizadores, de videos, de las redes sociales, blogs, etc. Ora para que, sea cual sea el medio, el mensaje sea fiel. Ora por amigos, colegas o vecinos específicos que Dios haya puesto en tu corazón, y pide la oportunidad de hablarles de Cristo esta semana.

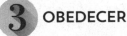

3 OBEDECER

> *«Jonás se fue hacia Nínive, conforme al mandato del Señor…» (v. 3).*

La secularización presiona a los cristianos a mantener su fe en privado. Ora para que la iglesia obedezca a Dios en lugar de a la cultura en esta área, y siga predicando a los perdidos.

4 CREER

> *«Y los ninivitas le creyeron a Dios, proclamaron ayuno y, desde el mayor hasta el menor, se vistieron de luto en señal de arrepentimiento» (v. 5).*

Clama a Dios para que el Espíritu produzca un movimiento de fe y arrepentimiento a gran escala por toda la ciudad. A través de la historia, las ciudades han sido sede de avivamientos espirituales dramáticos. Agradece por cómo Dios ha obrado en tu ciudad en el pasado, y ora persistentemente para que vuelva a hacerlo en el futuro.

5 CAMBIAR

> *«Al ver Dios lo que hicieron, es decir, que se habían convertido de su mal camino,*

cambió de parecer y no llevó a cabo la destrucción que les había anunciado» (v. 10).

Alaba a Dios por ser lento para enojarse y rápido para perdonar. Dale gracias por tu propia salvación y pídele que te llene de gozo por eso. Ora para que un justo temor de juicio venga sobre tu cuidad y lleve a las personas a volverse a Cristo en busca de perdón.

5 RAZONES PARA ORAR

EL TESTIMONIO EN LA CIUDAD
LOS JÓVENES

PROVERBIOS 4:1-6

PUNTOS DE ORACIÓN:

_____

_____

_____

_____

Dios eterno, obra en esta ciudad para salvar a...

LOS NONATOS

«... Pues yo, igual que ustedes, fui hijo de mi padre...» (v. 3, NTV).

¡Da gracias por la bendición de los hijos y las familias! Alaba a Dios por interesarse por cada familia y por entretejernos en el vientre de nuestra madre (Sal. 139:13). Ora por las madres embarazadas que conozcas, para que los hijos que llevan en su vientre crezcan y conozcan a Cristo. Ora también para que la cultura de tu ciudad valore y proteja cada vez más las vidas de los nonatos.

LOS NIÑOS PEQUEÑOS

«... cuando era el niño consentido de mi madre» (v. 3).

Criar niños pequeños conlleva una mezcla de alegría y estrés, pero alaba a Dios por las oportunidades que esto suele presentar para el evangelio. Ora para que los padres de niños pequeños en tu iglesia tomen la iniciativa de conocer a las demás familias. Pídele a Dios que abra oportunidades a través de grupos de niños pequeños, patios de juegos, cafeterías y más.

LOS NIÑOS

«Mi padre me instruyó de esta manera...»
(v. 4).

Da gracias por los padres cristianos en tu iglesia. Ora por ellos en su tarea de criar hijos en la disciplina e instrucción del Señor. Ora también por las escuelas de la zona donde vives, y particularmente por el testimonio de los padres y los maestros cristianos. Ora para que los estudiantes que aman a Jesús aprendan a vivir para Él y a hablar de Él a sus amigos en la escuela.

LOS ADOLESCENTES

«Adquiere sabiduría, adquiere inteligencia;
no olvides mis palabras ni te apartes de
ellas» (v. 5).

Los años de la adolescencia pueden ser un tiempo difícil en el que algunos hijos de hogares cristianos se alejan de la Palabra de Dios. Ora pidiendo sabiduría para los padres de adolescentes que conozcas. Agradece a Dios por la obra de los grupos de jóvenes, los campamentos cristianos y los grupos cristianos en las escuelas. Pídele que los use para llevar a muchos a Cristo.

5 LOS ESTUDIANTES

«No abandones nunca a la sabiduría, y ella te protegerá» (v. 6).

Los campus universitarios suelen ser un contexto próspero pero desafiante para el evangelio. Ora para que los estudiantes cristianos no abandonen a Cristo, sino que defiendan Su sabiduría frente a otros a través de eventos de evangelización, lectura de la Biblia con otros y evangelización personal.

5 RAZONES PARA ORAR

EL TESTIMONIO EN LA CIUDAD

LAS PERSONAS MAYORES

SALMO 71

PUNTOS DE ORACIÓN:

_____

_____

_____

_____

Dios eterno, que enumeras nuestros días, ayuda a nuestra iglesia a acordarse de aquellos que están...

 ENVEJECIENDO CON FIDELIDAD

> *«De ti he dependido desde que nací; del vientre materno me hiciste nacer...» (v. 6).*

Cada día que pasa nos da más evidencia de la bondad de Dios y Su poder sustentador. Dale gracias por Su obra en tu vida y en las vidas de los miembros más ancianos en tu iglesia.

 ENVEJECIENDO CON DOLOR

> *«No me rechaces cuando llegue a viejo; no me abandones cuando me falten las fuerzas» (v. 9).*

Los años traen muchas alegrías, pero también pueden traer muchas pérdidas: la pérdida de la salud, de amigos, de roles, de movilidad e independencia. Ora para que los cristianos mayores se vuelvan a nuestro Dios fiel en medio de su dolor, y para que su perseverancia sea inspiradora para otros, tanto dentro como fuera de la iglesia.

3 ENVEJECIENDO DE MANERA EVANGELIZADORA

> «Aun cuando sea yo anciano y peine canas, no me abandones, oh Dios, hasta que anuncie tu poder a la generación venidera, y dé a conocer tus proezas a los que aún no han nacido» (v. 18).

Los ancianos en nuestra congregación tienen un papel emocionante que jugar al hablarles a otros sobre Jesús. Ora para que sean activos en alcanzar a otros, declarando con fidelidad el poder del evangelio. Ora también para que la generación más joven se proponga alcanzar a los que son mayores.

4 ENVEJECIENDO CON ESPERANZA

> «Me has hecho pasar por muchos infortunios, pero volverás a darme vida…» (v. 20).

Ora para que haya una verdadera apertura al evangelio entre los jubilados en tu ciudad, ya sea que vivan a las afueras en frondosos vecindarios o en algún edificio alto en plena zona residencial. Ruégale al Señor que abra más ojos para que la gente empiece a ver que la muerte no es el final, y que hay vida eterna garantizada para los que están en Cristo.

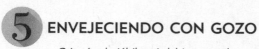

5 ENVEJECIENDO CON GOZO

«Gritarán de júbilo mis labios cuando yo te cante salmos…» (v. 23).

Ora por alguna persona anciana específica que conozcas; pide que se acerque a Cristo y que conozca el gozo de descansar su vida en Él.

5 RAZONES PARA ORAR

EL TESTIMONIO EN LA CIUDAD

LAS PERSONAS DE OTROS PAÍSES

HECHOS 16:11-15

PUNTOS DE ORACIÓN:

_____

_____

_____

_____

Precioso Salvador, en esta ciudad, hay muchas personas de otros países que todavía no han escuchado el evangelio. Por favor...

ABRE PUERTAS

> *«De allí fuimos a Filipos, que es una colonia romana y la ciudad principal de ese distrito de Macedonia. [...] El sábado salimos a las afueras de la ciudad, y fuimos por la orilla del río...» (vv. 12-13).*

Las ciudades son grandes y están llenas de personas diferentes. Sin embargo, a menudo pasamos la mayor cantidad de nuestro tiempo con personas parecidas a nosotros. Ora para que tú —y todos los cristianos— estén dispuestos a conocer a personas nuevas por el bien del evangelio.

ABRE BOCAS

> *«... Nos sentamos y nos pusimos a conversar con las mujeres que se habían reunido» (v. 13).*

El evangelio nunca cambia, pero las distintas personas tendrán diferentes preguntas y objeciones al escucharlo. Ora pidiendo osadía, sabiduría y sensibilidad para hablar de Jesús de maneras que personas de otras culturas puedan entenderlo bien. Ora en particular por aquellos que trabajan con estudiantes internacionales en tu ciudad.

3 ABRE OÍDOS

> *«Una de ellas, que se llamaba Lidia, adoraba a Dios. Era de la ciudad de Tiatira y vendía telas de púrpura. Mientras escuchaba...»* (v. 14).

Piensa en los diferentes grupos culturales en tu área o tus redes; en las naciones diversas de las que provienen las personas de tu vecindario, tu oficina o tu escuela. Ora para que, al igual que Lidia, estén dispuestas a escuchar la buena noticia y ansiosas por descubrir más.

4 ABRE CORAZONES

> *«... el Señor le abrió el corazón para que respondiera al mensaje de Pablo»* (v. 14).

Nadie viene a Cristo a través del entendimiento humano solamente; Dios tiene que abrir el corazón de las personas. Agradece a Dios por cómo ya lo hizo contigo. Ora por una obra del Espíritu en tu ciudad, a medida que el Señor atraiga a más personas de todo tipo de trasfondo a Él.

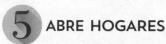

5 ABRE HOGARES

> *«Cuando fue bautizada con su familia, nos hizo la siguiente invitación: "Si ustedes me consideran creyente en el Señor, vengan a hospedarse en mi casa"...» (v. 15).*

Cuando una persona empieza a seguir a Cristo, ese no es el final de la historia. Cada nuevo cristiano tiene el privilegio de usar todos sus dones y recursos para el servicio del reino. Ora para que personas de todo el mundo vengan a adorar a Jesús como Señor, y lo sirvan como parte de Su iglesia mientras viven en tu ciudad.

5 RAZONES PARA ORAR

EL TESTIMONIO EN LA CIUDAD

LA FUTURA CIUDAD CELESTIAL

APOCALIPSIS 21:1-5

PUNTOS DE ORACIÓN:

_____

_____

_____

_____

Redentor soberano, gracias por esta promesa de una ciudad celestial. Ayuda a tu pueblo a...

VIVIR PARA ESO

> *«Después vi un cielo nuevo y una tierra nueva...» (v. 1).*

Martín Lutero escribió: «Todo lo que se hace en el mundo es hecho por la esperanza». Ora para que nuestra esperanza certera de una nueva creación motive a los cristianos a llevar vidas piadosas en la ciudad. Pide la ayuda de Dios para hablar palabras de esperanza y resistir el cinismo y la negatividad.

TRABAJAR PARA ESO

> *«Vi además la ciudad santa, la nueva Jerusalén, que bajaba del cielo...» (v. 2).*

Se acerca el día en el que Dios redimirá a Su pueblo y a toda la creación (Rom. 8:19-23). Esto nos da la confianza de que nuestro trabajo aquí no es en vano. Todo lo que hacemos es importante, ya sea proclamar el evangelio o lavar los platos. Pídele a Dios que te dé una perspectiva adecuada de tu trabajo —tanto su dignidad como sus limitaciones— a la luz de la eternidad.

3 ANHELARLO

«... preparada como una novia hermosamente vestida para su prometido» (v. 2).

Esta imagen de una boda nos muestra cuán maravilloso será ese momento: ¡experimentaremos la presencia de Dios con Su pueblo, Su perfecta belleza, una absoluta intimidad, vida eterna y un gozo interminable! Dedica algo de tiempo a alabar a Dios por este futuro maravilloso. Pídele a Dios que acelere Su venida: «¡Ven, Señor Jesús!» (Apoc. 22:20).

4 SER RECONFORTADO POR ESO

«Él les enjugará toda lágrima de los ojos. Ya no habrá muerte, ni llanto, ni lamento ni dolor...» (v. 4).

La vida en la ciudad puede ser difícil. Da gracias a Dios por el consuelo que viene de saber que nuestros problemas son tan solo temporales. Piensa en alguien que sepas que está sufriendo; ora para que experimente el consuelo del cielo en medio de sus dificultades.

5 ESPERAR EN ESO

«... "Escribe, porque estas palabras son verdaderas y dignas de confianza"» (v. 5).

Nuestra esperanza no es ningún castillo en el aire ni un optimismo vano: está basada en la promesa confiable y verdadera de nuestro Salvador. Ora para que esta esperanza sea un ancla en tu alma, y te provea un punto fijo en una ciudad que cambia rápidamente. Ora para que la iglesia proclame valientemente estas verdades gloriosas en tu ciudad.